Célébrer Ayyám-i-Há partout dans le monde

Ouvrage écrit et illustré par
Melissa López Charepoo

Dédié avec amour
à Maxwell et Paul

Nous proposons, dans ce livre, une représentation artistique de la beauté et de la diversité du genre humain. Nous ne tentons pas de représenter de façon exacte et exhaustive l'ensemble des peuples, des habits traditionnels et des langues des différentes parties du monde.

Première publication 2017. Réimpression 2026.

ISBN 978-1-971750-09-5 (livre broché)

« Ô Plume du Très-Haut ! Dis :
Ô peuple du monde, nous vous prescrivons de jeûner
durant une brève période à l'issue de laquelle nous avons
conçu pour vous la fête du Naw-Rúz. Ainsi le Soleil de la parole
brille au-dessus de l'horizon du Livre comme le décrète le Seigneur
du commencement et de la fin. Que les jours en surplus des mois soient
placés avant le mois du jeûne. Nous décrétons que, de tous les jours et
de toutes les nuits, ils sont les manifestations de la lettre Há, et c'est ainsi
qu'ils ne sont pas comptés dans l'année et ses mois. Au cours de ces journées,
il incombe au peuple de Bahá de faire bonne chère ; qu'ils partagent avec leur
famille et, plus largement, avec les pauvres et les indigents, puis invoquent et
glorifient leur Seigneur, chantent ses louanges et magnifient son nom dans
la joie et l'allégresse. Et lorsque finissent ces jours de générosité qui
précèdent la période d'abstinence, que pour eux commence le jeûne. Ainsi
l'ordonne le Seigneur de toute l'humanité. Le voyageur, le malade, la
femme enceinte ou qui allaite, ne sont pas tenus de jeûner ; Dieu
les en dispense en signe de sa grâce. Il est, en vérité,
le Tout-Puissant, le Très-Généreux. »

Bahá'u'lláh, *Le Kitáb-i-Aqdas*

Nos cœurs débordent de joie.
Il est enfin temps de célébrer
une merveilleuse période dans la foi bahá'íe :
C'est le temps d'Ayyám-i-Há !

Les jours d'Ayyám-i-Há sont célébrés partout sur la terre.
Les bahá'ís comme vous et moi, grands et petits,
soulignent ce festival en famille, dans leur
communauté, leur voisinage et avec leurs amis.
Nos meilleurs vœux vous parviennent des quatre coins du monde.

या मा हा की खुशी खुशी भधाई
(Ayyám-i-Há khushi khushi bhadhai ho)
Hindi, Inde

Feliz Ayyám-i-Há
Espagnol, Colombie

Les bahá'ís croient en l'unité.
L'unicité de Dieu, l'unité de ses prophètes,
puis l'unité de toute l'humanité.
Nous nous aimons les uns les autres, nous servons ensemble,
afin de transformer la terre en un monde meilleur.

Les jours d'Ayyám-i-Há, les
jours de Há, les jours de
l'essence de Dieu,
sont des journées qui se soustraient au temps,
des jours intercalaires,
des jours de joie !

Ayyám-i-há
Pa Anigye Wom
Twi, Ghana

阿亚米哈快乐
(Ayyám-i-Há Kuai Le)
Mandarin, Chine

Ayyám-i-Há correspond à quatre ou cinq jours consécutifs.
Dans le calendrier Badí' qui comprend 19 mois de
19 jours, quelques journées en surplus sont réservées aux célébrations
un mois avant le Naw-Rúz, le jour de l'An bahá'í.

Les jours d'Ayyám-i-Há
sont des jours de fête, de service et
d'allégresse, des jours qui nous aident à nous préparer au jeûne,
des jours joyeux qui précèdent une période
d'abstinence et le retour du Naw-Rúz !

ایّام هاء مبارک
(Ayyám-i-Há Mobarak)
Persan, Iran

Felices Días
Intercalares
Espagnol,
Porto Rico

Joyeux Ayyám-i-Há
Français, France

С праздником Айам-и-Ха
(S 'prazneekam Ayyám-i-Há)
Russe, Russie

Ayyám-i-Há, c'est un moment
pour faire la fête et se réjouir.
Partout dans le monde, nous offrons des cadeaux
et tissons des liens de camaraderie.

Les jours d'Ayyám-i-Há
sont des jours de bonheur
propices aux célébrations, des
jours de festin et d'hospitalité,
des jours remplis d'amour pour toute l'humanité !

Hery Ayyám-i-Há

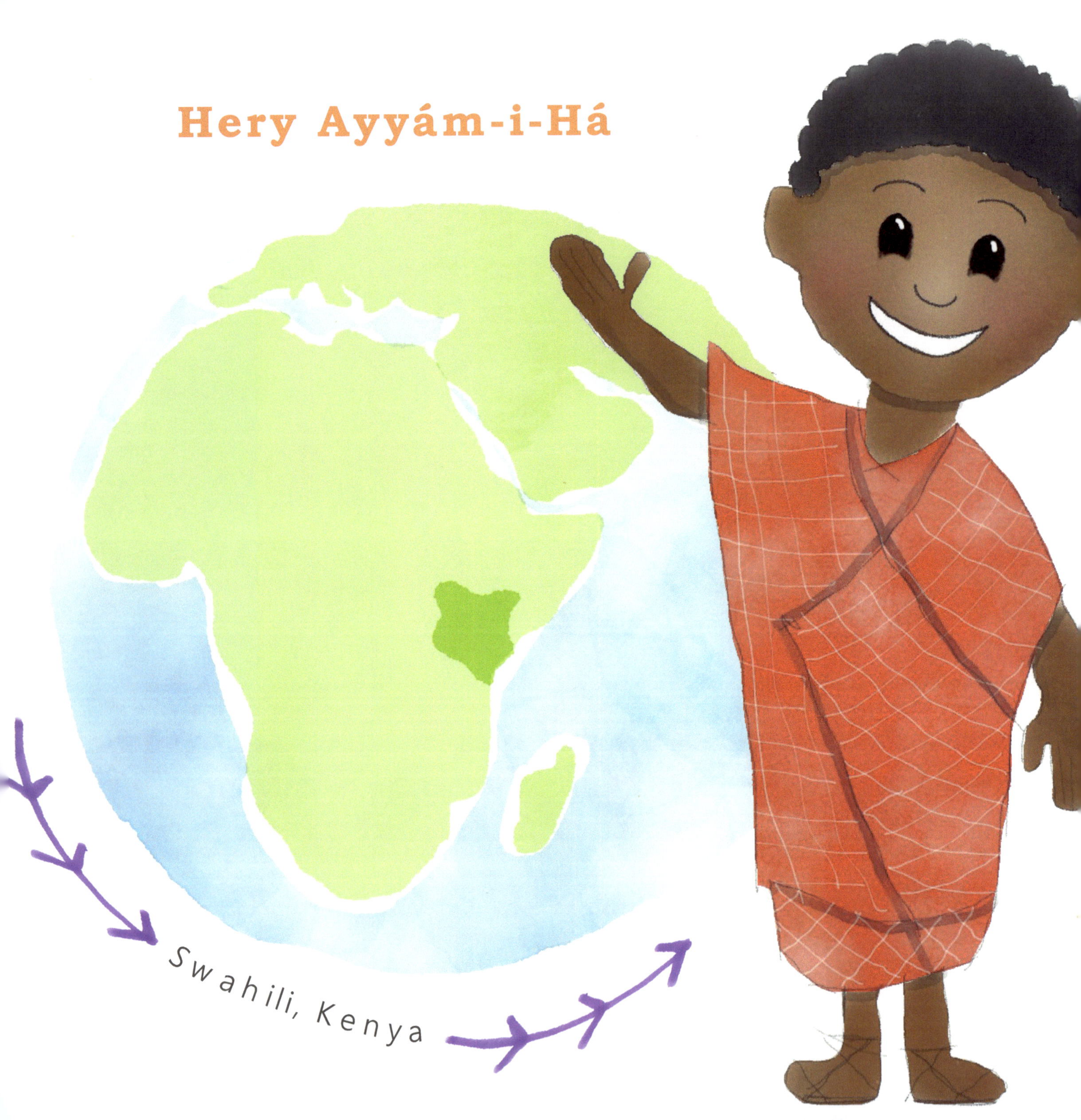

உபரி நாட்கள்
(Ubari Naatkal Valthukkal)
Tamil, Singapour

Ayyám-i-Há est une période indiquée pour
le service et la charité.
Dans tous les pays, nous apportons notre soutien aux pauvres
et aux nécessiteux,
avec compassion et amour.

Les jours d'Ayyám-i-Há
sont des jours
favorables pour prendre
soin des malades, pour
aider les pauvres et apporter la joie aux affligés.

Fröhliches
Ayyám-i-Há
Allemand,
Allemagne

Happy
Intercalary Days
Anglais, États-Unis

Ayyám-i-Há, c'est le
temps de glorifier le nom de Dieu.
Partout dans le monde, chacun chante et récite
de magnifiques prières avec plaisir et
ravissement.

Les jours d'Ayyám-i-Há
sont des jours pour
chanter les louanges de Dieu,
des jours pour magnifier et glorifier le
nom de Dieu, des jours pour faire la fête,
rendre service et vivre dans l'allégresse.
Voilà ce que sont les jours d'Ayyám-i-Há !

Joyeux

Ayyám-i-Há

Pour obtenir de plus amples renseignements sur la foi bahá'íe, veuillez consulter le site :

www.bahai.org

Références :

Bahá'u'lláh, *Le Kitáb-i-Aqdas*

Bahá'u'lláh, *Prayers and Meditations*

Divers auteurs, *Prières bahá'íes : une sélection de prières révélées par Bahá'u'lláh, le Báb et 'Abdu'l-Bahá*

J. E. Esslemont, *Bahá'u'lláh et l'ère nouvelle*

Je remercie sincèrement :
Mon cher mari Darioush Charepoo pour son soutien.

Leanna Guillén Mora pour son travail d'édition du livre, pour son aide dans la correction des épreuves et la validation des illustrations.

Sophia Wood pour ses conseils en matière de rédaction, de publication de livres et pour son aide dans la correction d'épreuves.

Thomas Kavelin, Varya Sanina-Garmroud, Nilmari Donate, Marcela Lemus et Rachel Anderson pour leur aide dans la correction d'épreuves.

Elegna Rodríguez et Nilmari Donate pour leur aide dans la validation des illustrations.

Ainsi que Elika Mahony, Jaleh Ehsani, Kamal Singh, Clement Papafio, Adwoa Ulzen Setrakian, Varya Sanina-Garmroud, Carmel Irandoust, Katrin Modabber, Amy Brooks, Pamela Douglas, Kavita Ilangovan et les autres contributeurs qui m'ont aidée à traduire "Happy Ayyám-i-Há" et "Happy Intercalary Days" dans diverses langues.

Remerciements à Maroussia Beaulieu pour la traduction du livre en français.

www.ingramcontent.com/pod-product-compliance
Lightning Source LLC
Chambersburg PA
CBHW042156030726
47599CB00004B/762